Où sont mes ailes ?

Where Are My Wings?

Soutcho Lydie Touré

Langaa Research & Publishing CIG

Mankon, Bamenda

Publisher

Langaa RPCIG

Langaa Research and Publishing Common Initiative Group

P. O. Box 902 Mankon

Bamenda

North West Region

Cameroon

info@langaa-rpcig.net

www.langaa-rpcig.net

orders@africanbookscollective.com

www.africanbookscollective.com

ISBN-10: 9956-550-79-5

ISBN-13: 978-9956-550-79-1

L'**art sur la couverture** est l'œuvre du peintre **Serge Miendandi**, du Village d'arts à Dakar, Sénégal. Il est joignable sur +225 77 609 91 65 et via WhatsApp.

Je dédie ce recueil de réflexions poétiques
à ma grand-mère que nous appelions tous affectueusement
Nanonpko dans ma langue maternelle.

I dedicate this collection of poetic reflections
to my grandmother, whom we tenderly call
Nanonpko in my mother tongue.

A propos de l'auteur

Soutcho Lydie Touré est née à Bouaké, en Côte d'Ivoire. Elle a fait ses études secondaires à Abidjan, en Côte d'Ivoire, où elle a obtenu un Diplôme universitaire de technologie (DUT) en Informatique. Elle a ensuite fait un stage à Bamako, au Mali, au Réseau ouest et centre africain de recherche en éducation (ROCARE), puis à Dakar, au Sénégal, à l'Agence universitaire de la Francophonie où elle a participé à la mise en place du Campus numérique partenaire, localisé au sein de l'Université Cheikh Anta Diop de Dakar. Elle a obtenu un diplôme de Bachelor en Informatique à Indiana State University où elle a aussi travaillé au Centre d'engagement communautaire de l'université. Elle a ensuite effectué un stage au département des affaires économiques et sociales des Nations unies à New York et a obtenu un Master en Technologie des systèmes d'informations à George Washington University. Aujourd'hui, elle travaille dans une organisation internationale où elle soutient un programme de bourses. Malgré les incertitudes et les difficultés qu'elle a rencontrées dans son parcours, jusqu'ici elle n'est pas « restée assise sur son tabouret, à regarder la vie défiler ». Elle s'est battue et a réussi à surmonter les défis pour réaliser ses rêves et leur donner des couleurs.

About the Author

Soutcho Lydie Touré *was born in Bouake, in Cote d'Ivoire. She completed high school in Abidjan and continued studies there to earn a University Diploma of Technology (DUT) in Computer Science. She undertook an internship in Bamako, Mali, at the Educational Research Network for West and Central Africa and another in Dakar, Senegal, at the Association of Francophone Universities, where she assisted with the setup of a computer lab at Cheikh Anta Diop University. She earned a Bachelor's degree at Indiana State University, USA, where she also worked at the Center for Community Engagement. She interned in New York City at the United Nations Department of Economic and Social Affairs and earned a Master's degree in Information Systems Technology at George Washington University, USA. At an international organization in Washington, DC, she manages information for various scholarship programs. Despite the uncertainties and challenges in her life's journey, she did not "sit on her stool, watching life go by." She fought, overcame obstacles, and gave color to her dreams.*

Table de Matières / *Table of Contents*

Appréciez la lecture, en deux langes.

Enjoy your read – in two languages.

La vie

Tant de souffrance dans cette vie d'ici-bas
Combien de souffrances
Combien de méchanceté entre êtres humains
Pourquoi cela
Combien de fois ai-je coulé des larmes de mes yeux pour cette méchanceté
Tandis que la souffrance m'anime, la joie illumine
Le visage de celui qui me fait mal avec un sourire radieux
Combien de fois ai-je pensé à ma libération
De cette terre si remplie de tant de méchanceté
Qu'ai-je fait pour mériter ce mal qui irrite mon cœur tous les jours
Je ne peux m'empêcher de penser à ma galère
Quel soulagement ressentirai-je
Et comment cela est-il possible
Il m'arrive de penser à ma libération
Si je précipitais ma libération par ma propre action
Cela n'enchantera pas mon créateur
Donc j'attends que ce dernier vienne à mon secours
Cette libération, moi et le créateur savons à quoi je fais allusion
Des pleurs et des joies
Oui je sais qu'il y aura des pleurs et des personnes qui ne ressentiront rien
Mais je dirai : 'pas de pleurs car je suis libre'
Je serai en paix
Je pourrai m'envoler vers un nouveau monde
Où règne la paix, la joie

Où tout sera plénitude, où il n'y a ni hypocrisie, ni haine
Mais avant cela que le créateur me donne
La possibilité d'accomplir certaines missions

Life

So much suffering in this life
So much suffering
So much meanness among humans
Why all that
How many times I have shed tears because of meanness

While suffering besieges me, joy seems to emanate
From the radiant smiles of the faces of those who wrong me
How many times have I thought about my liberation
From this land so filled with meanness
What have I done to merit this animosity
That irritates my heart everyday

I cannot help thinking about relieving my pain
What comfort I would feel
How will it be possible

I do think about my liberation
But if I were to precipitate my liberation
That would not enchant my creator

So I wait for my creator to come to my aid
My creator and I know what I mean by liberation

Tears and joy
Yes I know there will be tears and people who feel nothing
I will say No tears because I am Free
I will be in peace

I will be able to fly to a new world
Where peace and joy reign
Where there is wholeness, no hypocrisy, no hate
But before that may the Creator grant me
The opportunity to complete certain missions

Ma solitude

Quel est ce sentiment qui emplit mon cœur ?
Ah oui ce sentiment de solitude
L'Amour existe-t-il réellement autour de moi ?
Suis-je vraiment aimée par ceux – qui disent m'aimer ?
Ou est-ce juste de l'hypocrisie ?
Ne m'en voulez pas si je ne suis pas très bavarde
Cela ne vit pas en moi
Le retrait est nécessaire pour moi pour réfléchir
Même si la réflexion fait saigner mon cœur
Mais comment faire pour avoir une retraite ?
Ah oui une retraite dans un endroit où
On peut réfléchir profondément
Pendant tout le temps qu'on veut

My Loneliness

What is this feeling that fills my heart?
Oh yes, this feeling of loneliness
Around me, does love exist?
Am I really loved, by those who claim to love me?
Or is it hypocrisy?
Don't mind me if I'm not talkative
That's not part of me
Retreat helps me reflect
Even if reflection makes my heart bleed
But how to have a hearty retreat
Oh yes, to a place where
One can reflect profoundly
For as long as necessary

La pensée

Que pensent les uns et les autres de moi ?
Eh oui que pensent-ils de moi ?
Suis-je réellement une traîtresse ?
Est-ce parce que je koz avec tes ennemis
  que je suis une traîtresse ?
Est-ce parce que je koz avec tes ennemis
  que je connais tout d'eux ?
  que je possède leur agenda contenant
  leurs rendez-vous ?
  que je fixe leur rendez-vous ?

Détrompe-toi !
Ce n'est pas du tout cela

Quand je koz avec autrui je ne tiens pas
  à connaître sa vie
S'il pense par contre qu'il peut me parler
  je ne peux que prêter une oreille
  attentive à ce qu'il dit

Thoughts

What do others think about me
Oh yes what do they think about me
Am I really a traitor
Is it because I speak with your enemies
    that I am a traitor
Is it because I speak with your enemies
    that I know all about them
    and possess their agenda containing
    their rendezvous
    and even schedule their rendezvous

Get real!
That is not at all the case

When I speak with someone
    I do not seek to know their life
Rather, if they think they can talk to me
    I can only lend an attentive ear
    to what they have to say

La confiance en soi

Confiance en soi !
Cet élément essentiel à mon développement
Si je ne l'ai pas, comment puis-je voler de mes propres ailes
Oh oui son absence me paralyse et m'arrache mes ailes
Elle m'empêche d'évoluer
De bourdonner librement de fleurs en fleurs
A l'aide, aidez-moi à retrouver
Cet élément essentiel pour atteindre la fleur
Aux pétales dorés qui se trouve au sommet de la montagne
Oui la fleur, je la vois
Elle est juste là
Rendez-moi mes ailes
Pour que je puisse atteindre ma fleur

Wings

Self-confidence!
Essential for my development
Without it, how will I fly with my own wings
Oh yes, its absence paralyses me, removes my wings
Keeps me from evolving, from freely
Buzzing from flower to flower
Help, help me find this elusive element
So I may reach the flower with golden petals
That grows on the top of the mountain
Yes, I see it, just there
Give me back my wings
So I may reach my flower

Différente

Pourquoi suis-je différente
Ce sentiment qui part et qui revient
Me ronge le cœur
Pourquoi ne suis-je pas comme les autres
J'aimerais pouvoir être moi-même
J'aimerais pouvoir m'amuser comme les autres
Mais je n'y arrive pas
Pourquoi je n'y arrive pas
Que me manque-t-il
Je suis beaucoup coincée
Je pense beaucoup à ce que disent les autres de moi
Liberté ! Oui cette liberté de s'amuser
Sans soucis me manque tant

Different

Why am I different
This feeling comes and goes and
Eats my heart up
Why am I not like others
I would like to be myself
And have fun like others
But I'm unable
Why is it so
What is lacking
I am so very uncomfortable
I think a lot about what others say
Liberty! Yes, I yearn for the liberty
To just have fun, without worry

Seule au monde

Seule dans ce monde où je me perds
Je passe inaperçue
Personne ne s'intéresse à la modeste personne que je suis
Comment puis-je être invisible à ce point
Qu'on m'accorde tellement peu d'attention ?
Où sont les amis ?
Ai-je vraiment des amis ?
Pourquoi est-ce difficile d'en avoir ?
Tant de questions sans réponses
Moins de réponses à tant de questions
Ainsi va la vie

Alone in the World

Alone in this world where I am lost
I go unnoticed
No one takes an interest in my modest person
How can I be so invisible
That no one pays me any attention?
Where are my friends?
Do I really have any?
Why is it so difficult to have friends?
So many questions without answers
Fewer answers to so many questions
So goes life

Moi

Je suis moche et nulle
Trop timide et cela ne me fait pas du bien

Je fais l'effort de vaincre cette paralysie
Mais elle persiste
Et les autres aussi ne m'aident pas

Comment leur faire comprendre
Que j'ai besoin de leur aide pour me sentir tranquille

J'aimerais tellement avoir un esprit ouvert
Me sentir bien à tout moment
Relaxée, pas stressée
Bien dans ma peau, pas gênée
Confiante, pas moche

J'aimerais tellement
Avoir un beau sourire, pas un sourire coincé
Ne pas me sentir toute seule
Avoir un visage serein et accueillant
Qui n'éloigne pas les autres

Pourquoi les autres ont-ils peur de moi
Pourquoi est-ce que les gens
Ne m'adressent pas la parole facilement
Je me pose toujours ces questions qui sont sans réponses

Me

I am ugly and useless
My shyness doesn't help me

I do my best to overcome
My paralyzing timidity
But it is still there
And others do not help
How do I make them understand
That I need their help to feel better?

I would like to be open-minded
Be relaxed, not stressed
Feel good in my skin, not bothered
Believe in my capacities, not be ugly

I would like to
Have a beautiful smile
Not an uncomfortable one, not feel alone
Have a relaxing and welcoming face
That does not put others off

Why are people afraid of me?
Why do they not speak to me easily?
I always ask myself these questions without answers

Election

Tout peuple vivant dans un
Pays démocratique a le droit d'élire
Ceux qui gouverneront

A quoi bon s'injurier ou se blesser
Ou même se disputer ?
Oui, à quoi cela rime-t-il ?

Tu manges habituellement avec ton frère
Tu causes habituellement avec ton frère
Alors, pourquoi veux-tu gâcher cette fraternité pour des politiciens ?

Et quand tu finiras de te chamailler avec ton frère,
De le blesser, que feras-tu ?

C'est à ce moment que tu lui demanderas pardon
Alors que tu lui auras déjà causé du tort

Pourquoi ne pas lui pardonner maintenant
Avant que le tort ne soit causé ?

Laisse donc les politiciens « politiquer »

Politicking

In a democratic country
People have the right
To elect those who will govern

Why injure or wound anyone
Or pursue disputes?
What is that about?

You usually eat with your brother
And chat with him
Why let politicians upset that fraternity?

When you finish fighting with your brother,
After wounding him, what'll you do?

Is it then you'll ask for pardon
After already having caused him harm?

Why not pardon him right now
Before any harm is inflicted?

Let politicians do their politicking

Les surprises de la vie

La vie est pleine de surprises
Elle est donc faite de surprises
Quand tu es découragé à un certain moment de la vie
Ne reste pas assis sur ton tabouret
A regarder la vie défiler

Prends ton bâton de pèlerin
Bats-toi et avance
Pour réaliser les rêves que tu as en tête
Pour donner des couleurs à tes rêves qui sont en noir et blanc
Afin qu'ils soient tous en couleur dans la vie

Give Color to Your Dreams

Life is full of surprises
It's made of surprises
When you're discouraged
Don't sit on your stool
Watching life go by

Take your pestle
Take your shepherd's staff
Struggle to get ahead
Give color to your black and white dreams
Give them life

VDN*

Je ne connais pas particulièrement la VDN
Mais en y passant on voit des ponts piétons
Bonne idée ces ponts piétons
Afin de faciliter la traversée aux piétons

Mais il y a une chose que je ne comprends pas
Ces escaliers qui mènent aux ponts
A quoi bon les faire longs avec des zigzags

Est-ce le design que le concepteur cherchait
Ou cherchait-il à aider les gens, à alléger leurs souffrances
Si son intention était d'aider
Je dirais que ce n'est pas réussi

Imaginez-vous des gens qui doivent traverser le pont
Sous le sourire moqueur du soleil
Rejetant ses rayons ardents sur eux

Il faut qu'ils montent ces escaliers kilométriques
Puis qu'ils traversent le pont
Et redescendent des escaliers kilométriques encore
Quel calvaire

* la Voie de Dégagement Nord de Dakar

Intentions

I do not know that well the VDN*
But traveling on it I see pedestrian bridges
A good idea, those pedestrian bridges
For pedestrians wanting to cross the four-lane road

But there's something I don't understand
Those stairs that lead to the bridges
Why make them so long and zigzaggy

Were the designers seeking
To help people, to lighten their loads
If that was the intention
I do not think they succeeded

Imagine those who must cross the bridge
Under the mocking smile of the sun
Sending its strong rays upon them

They must go up those miles of stairs
To cross the bridge
And on the other side
Go down more miles of stairs

What torture

* VDN is short for "Voie de Dégagement Nord," a road meant to ease traffic in the northern part of the city of Dakar

Mal

Ça me fait mal
Parce que tu ne me dis plus rien
Et toi je suppose que ça te fait mal
Parce que je te le dis maintenant

To What End

It hurts me
Because you no longer speak to me
And I suppose it hurts you
That I am now telling you this

Je me parle

Je suis ringarde
Je dois paraître nulle
Aux yeux des autres
Tu es déjà sortie où ?
Je n'ai jamais été dans un coin
Parce que je n'ai pas l'habitude de sortir
Et je n'ai pas d'amis ici avec qui sortir
Désolée d'être ringarde
C'est nul ça
C'est quelle fille qui n'aime pas sortir ?
Oh là là elle est vraiment nulle
J'ai peur de me sentir mal à l'aise
De gâcher leur soirée
De me retrouver seule
En plus c'est une soirée avec les amis
Je serai étrangère au groupe
Cela accentuera mon malaise
Peut-être que si c'est une sortie juste entre nous
Je pourrais y aller
Pour une première sortie en boîte
C'est bizarre je n'y ai jamais été
Waouh elle est vraiment ringarde cette fille
Je suis bien triste d'être aussi nulle
Aussi ringarde
D'avoir du mal à être à l'aise
Désolée de l'être

Talking to Myself

I'm so… out-of-date
I must seem worthless
In the eyes of others
Have you ever gone out somewhere?
I've never been anywhere
I'm not in the habit of going out
I've no friends with whom to go out
Sorry to be so boring
It really sucks
What girl is it who does not like to go out?
Whoever she is, she must be really nil
I'm afraid of feeling out of place
Or ruining the evening
Of ending up alone
Amongst a group of friends
I'd be a stranger to the group
Making me even more uncomfortable
Perhaps, if it's an outing just among us
I could go
For the first time to a nightclub
It's bizarre I've never been to one
What an old-fashioned girl
I'm sad to be such a zilch
To be so outmoded
Sad to have difficulty being comfortable
So sorry for being like that

Qui suis-je ?

Qui suis-je ?
Comment les autres me voient-ils
Que pensent les autres de moi
Si je te demandais de me décrire
Que me dirais tu
Si je te demandais ce que tu penses de moi
Que me dirais tu
Qui suis-je ?
Une fille agaçante
Une fille nulle
Une fille ringarde
Une fille sans style
Une fille qui ne connaît rien à la vie
Une fille studieuse
Une fille en qui on ne peut pas avoir confiance
Pour lui raconter des choses
Une fille méchante
Une fille mauvaise
Oui je te demande
Qui suis-je ?
Aide-moi à me connaître
Aide-moi à me découvrir
Aide-moi à me retrouver
Réponds-moi
Et n'aie pas peur
Sois libre de t'exprimer
N'aie pas peur
De me frustrer

N'aie pas peur
De comment je me sentirai
Je me sens déjà mal
De ne pas savoir ta vraie pensée
Me concernant
Je ne veux pas ta pensée superficielle
Mais le fond de ta pensée

Who Am I?

Who am I?
How do others see me
What do they think about me
If I asked you to describe me
What would you tell me
If I asked you what you think of me
What would you say
Who am I?
An irritable girl
A disagreeable girl
A zero girl
An out-of-date girl
A girl without style
A girl who knows nothing about life
A studious girl
A girl in whom you cannot trust
In whom you cannot confide
A mischievous girl
A bad girl
Yes I'm asking you
Who I am?
Help me know myself
Help me discover myself
Help me find myself
Respond please
And do not be afraid
Feel free to express yourself
Do not be afraid

Of frustrating me
Do not be afraid
Of how I will feel
I already feel bad
Not knowing your true thoughts
About me
I don't want your superficial thoughts
But your deep-down thoughts

Questionnements

Quelques fois j'ai l'impression de passer pour une imbécile
Parfois je me sens stupide
A quoi ça sert d'exprimer ses sentiments à autrui
A quoi ça sert de parler de ses sentiments à autrui
Sans qu'il n'y ait de feedback
Des allés simples, sans retour
Cela ressemble vraiment à un manque de considération
Cela fait croire qu'on est vraiment stupide devant la face du monde
Il est parfois nécessaire de se taire
Il est parfois nécessaire de se retirer
Il est parfois nécessaire de rester seul
Afin de réfléchir et méditer sur sa vie
Sur ses activités, son futur

String of Questions

Sometimes I feel like a complete imbecile
I feel stupid
Why share your feelings
Why express yourself
Without there being any give and take
Without any feedback
That seems to me a lack of consideration
Making one think she's stupid before the world
Sometimes it's better to be quiet
To be withdrawn
To be alone
To reflect and meditate on one's life
One's activities, one's future

Cendrillon

Je me suis imaginée dans un carrosse de Cendrillon
Un carrosse incroyable, étonnant et exemplaire
Voyageant au Palais de VieHeureuse
En lieu et place, j'entends des avertissements et ressens des chocs, surprise, je continue mon trajet
Essayant de bloquer les bruits qui arrivent à mes oreilles
Croyant dans la possibilité d'arriver au Palais de VieHeureuse
Je m'arme de mon épée de PersonneN'estParfait
Et de mon armure de OnNePeutPasGénéraliser
Je rassemble mes forces
Le long du trajet, je me sens piégée
Piégée et incapable de sortir du carrosse
Comme l'air piégé dans un ballon
Sous pression, l'air donne différentes formes au ballon
Sous une grande pression, le ballon éclate et libère l'air
ATTENDS
Je ne veux pas que mon carrosse explose
J'en ai besoin pour me rendre au Palais de VieHeureuse
TEMPS MORT
J'ai besoin de m'arrêter et de respirer
J'ai besoin de prendre une pause et de respirer
J'ai besoin d'un autre carrosse
Un carrosse qui pourra vraiment générer l'étonnement, la stupéfaction
Espérons que je ne vais pas me sentir sous pression, que je pourrai respirer et apprécier le trajet dans ce carrosse
Définitivement ce nouveau carrosse me conduira au Palais de VieHeureuse

Riding to HappyLife Palace in a Cinderella Carriage

I imagined myself in a Cinderella Carriage
An amazing, astonishing, exemplary carriage
Traveling to HappyLife Palace
Instead, I hear warnings and feel shocks
Surprised, I continue the ride
Trying to block out the sounds coming to my ears
Believing in the possibility of reaching HappyLife Palace
I arm myself with the sword of NobodyIsPerfect
And the armor of WeCannotGeneralize
I gather my strength and continue the ride
Somewhere along the way I feel trapped
Trapped and unable to escape the carriage
Like air trapped in a balloon
When pressured, air gives different forms and shapes to a
balloon
When pressured more, the balloon bursts and the air is freed
WAIT
I don't want my carriage to blow up
I need it to carry me to HappyLife Palace
TIME OUT
I need to stop and breathe
I need to take a break and breathe
I need a different carriage
A truly astonishing, amazing carriage
Where I will not feel pressured
Where I will be able to breathe and enjoy the ride
Definitely this carriage will take me to HappyLife Palace

Prendre de l'âge

Vieillir !
Tout le monde prend de l'âge
Prendre de l'âge fait partie de la vie
Chaque jour il y a un nouveau-né
Les nouveau-nés prennent de l'âge
Nous prenons tous de l'âge
Nous ne pouvons pas éviter de prendre de l'âge
Nous devons laisser les plus jeunes expérimenter
Ce que nous avons expérimenté
Nous devons leur laisser notre place
Tout comme les bébés grandissent
Nous prenons de l'âge, nous changeons
Prendre de l'âge ne veut pas seulement dire
Grandir physiquement et en âge
Prendre de l'âge implique la sagesse et la responsabilité
Pour la création d'une bonne vie future

Getting Older

Everybody gets older
Getting older is part of life
Every day a baby is born
Newborns get older
We all get older
We cannot avoid getting older
We have to let youth experience
What we experienced
We need to cede them our place
As babies ages increase, so do ours
Getting older doesn't mean only
Growing up physically and in age
Getting older implies wisdom and responsibility
For the creation of a good life in the future

Moins parler

Des mots et toujours des mots
Des mots et encore des mots
Il est facile de dire des mots
Ces mots sortent facilement de la bouche
Mais il est difficile de poser des actions
D'exécuter ces mots
D'honorer ces mots prononcés
S'il fallait peser les mots et les actes
Cela serait difficile
Car les mots l'emporteraient
La balance pencherait plus
Du côté des mots que du côté des actes
Pourquoi ne pouvons-nous pas honorer ce que nous disons
Je pense qu'il est préférable de moins parler et de plus agir
Qu'en pensez-vous ?

Weighing Words

Words and more words
Words and again more words
Words flow easily from the mouth
But it's difficult to act
To make words true
If we had to weigh words according to actions
It would be problematic
Words would win
The balance would tip
Toward words over actions
Why can we not honor what we say
I think it might be preferable to speak less and act more
What do you think?

Vis ton amour

Si tu tiens à une personne
Montre-lui tes sentiments
Parce que nous ne savons pas ce que demain nous réserve
Nous ne connaissons pas le futur
Dieu nous donne la vie
Et peut la reprendre à n'importe quel moment
N'attends pas de vivre ton amour
Vis-le et sois toujours reconnaissant(e)
Pour cet amour et pour la vie

Live Your Love

If you care for someone
Show that person your feelings
Because we don't know tomorrow
We don't know the future
God gives us life and
Can take it back at any moment
Don't wait to live your love
Live it and be always thankful
For that love and for life

Rejet

Comment ressent-on le rejet
Le rejet se sent
Par un manque de présence
Un manque d'attention
Un manque d'amour
Par la négligence
La moquerie

Le rejet conduit à la tristesse
A un pincement au cœur
A un vide
A une peine profonde
A un manque de confiance en soi
Au retrait
A la solitude

Rejection

How does rejection feel
Rejection is experienced through
A lack of presence
A lack of attention
A lack of love
It leaves one feeling
Neglected and mocked
Rejection
Leads to sadness
To a tightening of the heart
To emptiness
To profound pain
To a lack of confidence
To withdrawal
To solitude

Souvenir souvenir

Tout te semble normal
Tout te semble si simple
Tu es tout tranquille
Je n'arrive pas à comprendre
Que tu aies pu oublier ces moments
Qu'est-ce que tu as fait de ces paroles
Ces paroles que tu disais si facilement
La distance a réussi à effacer tous ces moments passés
La distance a réussi à effacer toutes ces bonnes paroles
Paroles qui emplissaient le cœur de joie
Ces paroles se sont envolées
Maintenant le cœur n'est plus joyeux
Il souffre de douleur
Une douleur invisible
Une douleur qui se dévoile dans la solitude
Une douleur qui se cache du public

Was It All So Forgettable?

Everything seems normal to you
You're so tranquil
I don't understand
Have you forgotten those moments
What have you done with those words
Those words you spoke so freely
Distance has succeeded in erasing those moments
In erasing all those good words
Words that filled my heart with joy
Those words have flown away
Leaving my heart suffering from pain
Invisible pain
That hides itself from public view
And shows itself in solitude

Positivement positive

Je suis ennuyeuse, très ennuyeuse
Je me sens mal intérieurement
Il semble que les gens ont peur de me parler
Parce que je suis ennuyante
J'essaie de faire de mon mieux
De parler aux gens
En posant des questions
En commençant une conversation
Mais cela n'est pas assez
Les gens ne sont pas intéressés
Que puis-je faire ?
Certaines personnes se plaignent de moi

En cette nouvelle année
J'ai décidé d'être plus positive
Dans mes pensées, dans mon comportement
Et de ne pas penser à ce que les autres pensent de moi
Mais j'ai toujours les mêmes sentiments que l'année dernière
Pas aimée, quelque fois je me sens seule
Il semble que je n'ai pas de très bons amis à part quelques-uns
Je me demande ce qui ne va pas avec moi
J'ai besoin de comprendre ce qui ne va pas avec moi
Timide, honteuse, pas cool, juste ennuyante
Qu'est-ce que c'est exactement ?

Autant de douleur dans mon cœur
Tu n'aimes pas que je sois négative
Je ne le veux pas non plus

Mais je me sens mal
Je ne sais pas quoi faire
Ok, sois positive, positivement positive

Boring Boring

I am boring and
Feeling badly inside
Seems like people are afraid to talk to me
Because I'm boring
I'm trying to do my best
To talk to people
By asking questions
By starting a conversation
But this is not enough
People are not interested
What can I do?
Some people are mostly complaining about me

In this new year
I've decided to be more positive
In my thoughts, in my behavior
And not to think about what others think about me
But I still have the same feelings as last year
Not loved, sometimes feeling lonely
Seems like I don't have really good friends except some
I'm wondering what's wrong with me
I need to understand what's wrong with me
Shy, ashamed, not cool, just plain boring
What is it exactly?

So much pain in my heart
You don't like me to be negative
I don't want to be either

But I feel bad
Don't know what to do
Ok be positive, positively positive

Un manque…

Quelqu'un vers qui tu peux te tourner
Quelqu'un à qui tu peux te confier
Quelqu'un qui peut te comprendre
    qui a de la considération pour toi
    qui peut te soutenir
    qui fait naître le sourire sur ton visage
    qui transforme ta tristesse en joie
    qui change ta mauvaise humeur en bonne humeur
    qui te console
    qui patiente
    qui t'accepte
Quelqu'un avec qui tu passes des heures à parler sans te lasser
Quelqu'un avec qui tu partages tout
Quel est ce manque
C'est le manque de quelqu'un qui te coûte cher

Missing

One to whom you can turn
In whom you may confide
One who understands you
And thinks of you
One who supports you
And makes you smile
One who turns your sadness to joy
And your bad mood to a good mood
One who consoles you
And waits for you
And accepts you
One with whom you can spend tireless hours chatting
One with whom you share all
One who is dear
And to whom you are dear
That is what I am missing

La vie en rose

Certains diront que la vie est Rose
Mais certains conviendront que
La vie n'est pas toujours Rose
Je suis née pour rêver
Comme tout autre personne
Je suis née avec l'espoir
De vivre dans un monde Rose
Mais aussitôt que je m'aventure dans le monde
Je découvre que je ne peux pas être amie avec Rose
Au lieu de cela, je dois être amie avec l'obscurité
Avec l'obscurité tout est sombre
Je dois lutter
Ce combat est si difficile
Je dois me battre
Ce combat épuise mes forces
Heureusement mon rêve est présent
Il m'encourage à me battre
Il m'encourage à regarder à l'horizon
Je regarde à l'horizon
Je vois quelque chose à l'horizon
Mon rêve hurle dans ma tête
Espoir Espoir Espoir Espoir
C'est une lumière ! C'est l'espoir !
Je vois l'espoir à l'horizon
L'espoir augmente mes forces
Je dois lutter
Ce combat est si difficile
Je dois me battre

Je marche vers l'espoir
Je trouve l'espoir
L'espoir devient mon ami
Je marche avec l'espoir
Mon rêve devient réalité
Le monde Rose
Je suis rentrée dans le monde Rose
Les gens ne me connaissent pas
Ils me voient juste en Rose
Ils ne connaissent pas mon histoire avec l'obscurité
Ils ne connaissent pas mon histoire avec la lutte
Ils ne connaissent pas mon parcourt avec mon rêve
Ils ne connaissent pas mon histoire avec Espoir

Pinkardness

Some will say life is Pink
But some will agree that
Life is not always Pink
I was born to dream
Like anybody else
I was born with the hope
To live in a Pink world
But as soon as I stamp my feet out there
I discover I cannot be friends with Pink
Instead I have to be friends with Darkness
With Darkness everything is dark
I have to struggle
This battle is so hard
I have to fight
This battle is draining my strength
Fortunately my dream is present
It encourages me to fight
It encourages me to look into the distance
I look into the distance
I see something in the distance
My dream is screaming in my head
Hope Hope Hope Hope
It's a light! It's Hope!
I see Hope in the distance
Hope increases my strength
I have to struggle
The battle is so hard
I have to fight

I walk toward Hope
I find Hope
Hope becomes my friend
I walk with Hope
My dream becomes true
The Pink world
I entered the Pink world
People do not know me
They just see me as Pink
They do not know my story with Darkness
They do not know my story of struggle
They do not know my path with my dream
They do not know my story with Hope

Le ruisseau

Retirée dans les bois
Les profondeurs des bois
Sans lumière
Sans joie
Sans bonheur
Sans envie
Tout devient sombre
L'obscurité empêche la lumière de briller
La joie a disparu pour faire place à la tristesse
La tristesse en action motive, encourage l'un à trouver la joie
La tristesse en action motive, encourage l'un à libérer le ruisseau
Le ruisseau dans les profondeurs et l'obscurité des bois coule
Le ruisseau coule et libère les bois
Le ruisseau coule libérant les bois de l'obscurité
Le ruisseau coule libérant les bois de toute trace de tristesse
Le ruisseau coule et nettoie les bois
Le ruisseau coule revitalisant les bois
Le ruisseau coule illuminant les bois
La lumière réapparaît
Tout devient vivant
Tout devient coloré
Tout a un sens
Tout danse autour
La joie est de retour
La tristesse a disparu pour faire place à la joie
La joie est de retour
Tout devient vivant

Tout devient coloré
Tout a un sens
Tout danse autour

Stream

Withdrawn in the woods
The depths of the woods
Without light
Without joy
Without happiness
Without envy
It is all getting dark
The darkness is preventing the light from shining
Joy has disappeared to leave the space to sadness
Sadness in action motivates, encourages one to find Joy
Sadness in action motivates, encourages one to release the stream
The stream in the deepness and the darkness of the woods flows
The stream flows and relieves the woods
The stream flows relieving the woods from the darkness
The stream flows relieving the woods from any trail of sadness
The stream flows and cleans up the woods
The stream flows revitalizing the woods
The stream flows illuminating the woods
The light reappears
Everything becomes alive
Everything becomes colorful
Everything makes sense
Everything dances around
Joy is back
Sadness has disappeared to leave the space to Joy
Joy is back
Everything becomes alive
Everything becomes colorful

Everything makes sense
Everything dances around

Stream (short version)

In the deepness of the woods
It is getting dark
Obscurity replaces daylight
Joy turns to Sadness
The stream of Sadness flows and flows
In the deepness and the darkness of the woods
Relieving, cleansing, revitalizing, illuminating
Sadness is released
The light reappears
Joy is back
Things becomes alive and
Colorful and make sense
Everything dances

Crois maintenant

Crois-tu en toi
Est-ce que je crois en moi
C'est si difficile
Aussitôt que je crois
Le doute et la peur m'envahissent
Qu'est-ce que je fais
Comment puis-je aller de l'avant
Comment me débarrasser du doute et de la peur
Ils m'empêchent de croire
Je lutte
J'essaie
Je me bats
Attendez, il y a une voix
Tu peux le faire
Tu peux aller de l'avant
Tu peux réussir
Je lutte
J'essaie
Je me bats
Attendez, je vois une lumière
C'est la lumière de la foi
C'est la foi
C'est l'espoir
Attendez, il y a la foi
Foi égale à croire
Je vois des visages me regarder
Je vois des visages me sourire
Je vois des visages qui croient en moi

Ils me donnent la force
Je deviens forte
Je me relève
Je vais de l'avant
J'ai la foi
Je crois maintenant
Je peux le faire
Je peux aller de l'avant
Je peux réussir
Je peux le faire avec la foi

Faith Is Not Far

Do you believe in yourself
Do I believe in myself
It is so hard
As soon as I believe
Doubt and fear envade me
What am I doing
How can I go forward
How do I get rid of Doubt and Fear
They prevent me from believing
I struggle
I'm trying
I'm fighting
Wait there is a voice
You can do it
You can go forward
You can succeed
I struggle
I'm trying
I'm fighting
Wait I see a light
It's a light of faith
It's faith
It's hope
Wait there is faith
Faith equals believe
I see faces looking at me
I see faces smiling at me
I see faces believing in me

They are giving me strength
I'm getting stronger
I'm standing up
I'm going forward
I have faith
I believe now
I can do it
I can go forward
I can succeed
I can do it with Faith

Essaie l'amour

Quel pouvoir a l'amour
Comment faire avec l'amour
Comment cultiver et vivre l'amour
Quand tu es fâché
Quand tu es énervé
Quand tu es en colère envers quelqu'un

L'amour est un petit mot mais
L'amour pèse beaucoup
Je suppose qu'il est difficile à supporter

Essaie ceci
Aime tout le monde dans ton cœur
Du plus profond de ton cœur, aime chacun
Quand tu es fâché
Quand tu es énervé
Quand tu es en colère envers quelqu'un
Remplace l'irritation par l'amour
Remplace la nervosité par l'amour
Remplace la colère par l'amour

Comment te sens-tu
Comment te sens-tu par rapport à l'autre
Tu te sens léger ?
Rempli d'Amour
De Joie
De Paix
Tu t'aimes plus ?

Aimes-tu plus l'autre ?
Essaie essaie essaie
Essaie et tu verras

Try Love

How powerful is love
How do you cultivate love
How do you deal with love
When you are angry
When you are upset
When you are mad at someone

Love is a little word but
Love weights a lot
I guess we cannot always bear it

Try this
Love everyone
Love everyone in your heart
From the depths of your heart
Have love for everyone
When you are angry
When you are upset
When you are mad at someone
Replace anger with Love
Replace upsetness with Love
Replace madness with Love

How do you feel
How do you feel inside
How do you feel toward the other
Do you feel light?
Full of Love

Joy
Peace
Do you love yourself more?
Do you love more your brother or sister?
Try, Try, Try
Try it and you will see

Printed in the United States
By Bookmasters